全国高等职业院校电子商务专业教材

客户服务与管理

习题册

陶婷◎主编

中国劳动社会保障出版社

简　介

本习题册与全国高等职业院校电子商务专业教材《客户服务与管理》配套使用。习题册按教材模块顺序编写，包括填空题、单项选择题、判断题、简答题等，题型丰富、难易适中，供学生课后练习使用。

本习题册由陶婷任主编。

图书在版编目（CIP）数据

客户服务与管理习题册 / 陶婷主编. -- 北京：中国劳动社会保障出版社，2024
全国高等职业院校电子商务专业教材
ISBN 978-7-5167-6356-8

Ⅰ. ①客… Ⅱ. ①陶… Ⅲ. ①企业管理－销售管理－商业服务－高等职业教育－习题集 Ⅳ. ①F274-44

中国国家版本馆 CIP 数据核字（2024）第 049175 号

中国劳动社会保障出版社出版发行
（北京市惠新东街 1 号　邮政编码：100029）
*
北京市科星印刷有限责任公司印刷装订　　新华书店经销

787 毫米 ×1092 毫米　16 开本　2.25 印张　37 千字
2024 年 3 月第 1 版　　2026 年 3 月第 3 次印刷
定价：5.00 元

营销中心电话：400-606-6496
出版社网址：http://www.class.com.cn
http://jg.class.com.cn

目　录

模块一 走进客户服务

一、填空题

1. 客户服务的特征包括无形性、__________、不可储存性和生产与消费同步性。

2. 电脑版千牛功能非常强大。商家可以通过千牛卖家工作台进行__________、商品管理、网店管理等。

3. 当客户的订单信息或收件信息有变化时，客服需要进行__________。

4. 后台操作包括____________、商品管理、评价管理、客户服务等相关事宜的操作。

5. 售中客服的主要工作是处理订单，包括查询订单状态、换货或更换物流公司、__________等。

6. 客服职责具体包括接待客户、__________、解决客户问题、后台操作、客户信息收集、问题的收集与反馈等工作内容。

7. 客户服务通常被定义为一种能满足客户需求的隐性职能，是由一系列具有__________的活动所构成的过程，这个过程是在客户与客服的互动关系中进行的。

8. 售前客服话术主要包括__________、商品介绍环节、议价环节、支付环节、物流环节。

9. 售前客服工作流程包括________________________、接待客户、查询库存、核对信息、修改备注、通知发货、催付未付款订单等。

10. 客户提出退换货，售后客服要询问清楚是因为__________还是个人原因退换货。

二、单项选择题

1. 根据服务的时序分类，网店客服可以分为三种，不包括（　　）。

A. 售前客服　　B. 售中客服

C. 售后客服　　D. 产品经理

2. 以下的对话属于售前客服的（　　）环节。

客户：还能再便宜些吗？

客服：抱歉，我们客服没有更改价格的权利，希望您能理解。现在的价格已经是最低价了，您现在拍下非常优惠哦！

A. 致欢迎语　　B. 议价

C. 支付　　D. 物流

3. 以下对话属于售后客服的（　　）环节。

客服：感谢您对本店的支持，希望您对我们的服务满意，欢迎再次光临。

A. 致欢送语　　B. 处理质量问题

C. 处理快递问题　　D. 处理中差评

4. 以下对话属于售前客服的（　　）环节。

客户：请问是正品吗？

客服：×× 品牌目前仅此一家旗舰店，旗舰店的申请需要公司的营业执照、注册商标、产品质检报告等证明材料。所以您大可放心，保证是正品。

A. 商品介绍　　B. 议价

C. 支付　　D. 物流

5. 如遇客户有换货或更换物流的需求，（　　）应立即查询订单是否发货。

A. 售前客服　　B. 售中客服

C. 售后客服　　D. 网店美工

6. 售后客服处理中差评的核心是（　　），给出补救措施，挽回客户。

A. 给客户打电话　　B. 下架商品

C. 找出问题的关键所在　　D. 要求客户修改中差评

7.（　　）主要负责解答客户在购物过程中的所有疑问，帮助客户挑选到满意的商品，从而为店铺带来销售业绩。

A. 售前客服　　B. 售中客服

C. 售后客服　　D. 网店美工

8.（　　）主要负责处理客户从付款到订单签收过程中遇到的问题。

A. 售前客服　　B. 售中客服

C. 售后客服　　D. 网店美工

9.（　　）主要负责帮助客户解决收到商品后出现的各种问题，如退换货、评价管理等。

A. 售前客服　　B. 售中客服

C. 售后客服　　D. 网店美工

10.（　　）提供的客户服务为售后客服工作。

A. 浏览商品时　　B. 发货后

C. 客户签收前　　D. 客户签收后

三、判断题

1. 服务的无形性带来了营销挑战：服务的质量和价值信息很难像有形产品那样传递给客户，新的服务理念很容易被竞争对手模仿。（　　）

2. 任何能提高客户满意度的内容都属于客户服务的范围。（　　）

3. 商品的专业知识包括商品外观、商品基本属性、商品保养与维护、商品安装与使用方法、商品的关联销售等。（　　）

4. 将一些常用回复设置成快捷短语，不能提高客服的工作效率。（　　）

5. 售后客服处理中差评首先要改善流程。（　　）

6. 商家与客户沟通大部分是通过千牛、阿里旺旺，但有时通过文字沟通处理问题效率比较低，商家就可以通过电话沟通。 (　　)

7. 作为网络客服不需要了解有关产品的专业知识，只需要对各种网店及平台规则了然于心即可。 (　　)

8. 对于售前客服来说，熟悉网店或平台内的产品是最基本的工作。 (　　)

9. 客服在给客户进行评价时可以泄露客户的隐私信息。 (　　)

10. 客户下单付款后，售后客服要及时与客户核对信息，这可以降低由于客户信息未修改而造成的损失、减少麻烦。 (　　)

四、简答题

1. 客服应具备哪些素质?

2. 简述在千牛卖家工作台中设置快捷短语的操作流程。

3. 简述客服岗位的责任范围。

模块二 客户沟通技巧

一、填空题

1. 客服在与客户沟通中，要真诚，从__________出发，以赢得客户信任，建立良好的合作关系。

2. 客户沟通的目的有__________________、发现客户需求并促成交易。

3. 千牛卖家工作台中客户可按照____________________、联系时间从近到远、等待分钟从长到短、等待分钟从短到长排序。

4. ____________问题是告知客户问题的初步解决方案。

5. ____________是维系客户关系的基础。

6. 倾听是__________的过程，对于深入理解客户的需求至关重要。

7. 客服可以通过致欢迎语、____________、介绍商品等方式向客户问好。

8. 客服表达需要掌握一些共性的表达方式与技巧，包括使用标准语言表达、____________________、善用“我”代替“你”。

9. 发货后，售后客服应立刻告知客户已经发货，可以通过阿里旺旺或短信，最好是____________告知客户，尤其是在客户较多的情况下。

10. 为了提高网店的访问量，提升客单价，客服在提供服务的过程中要注意

__________，商品的关联性越强，组合得越合理，就越能激起客户关联购买的欲望。

二、单项选择题

1. 根据服务发起的时机，将服务分为（　　）和主动服务。

A. 差异化服务　　B. 被动服务

C. 贴心服务　　D. 尊重服务

2. 对客户提出的问题与要求，应主动回应，在第一时间给予反馈，一般不超过（　　）个工作日，或按照双方约定的时间反馈。

A. 1　　B. 2

C. 3　　D. 4

3. 客服与客户沟通的最终目的是（　　）。

A. 客户关系管理　　B. 获取客户信任

C. 促成交易　　D. 提升客服职业素养

4. 客户沟通中，“热情”最直观的体现是客服的（　　）。

A. 友善　　B. 用词用语

C. 回复速度　　D. 真诚

5.（　　）是与客户建立关系进而进行客户服务的前提条件。

A. 私下与客户成为朋友　　B. 梳理客户的想法

C. 与客户争辩　　D. 积极地倾听

6. 客服在倾听过程中要（　　）。

A. 少打断　　B. 不予以回应

C. 用专业的术语　　D. 不断复述

7. “方便告诉我一下您的身高、体重吗？我为您看一下什么尺码比较合适。”属于售前客服（　　）的技巧话术。

A. 招呼　　B. 询问

C. 推荐　　D. 议价

8. 当快递将要送达客户手中时，客服应（　　）。

A. 告知客户已发货　　B. 及时给出提醒

C. 及时回访跟踪　　D. 感谢客户的支持

9. “您好，在吗？您刚拍了我们的宝贝，请仔细确认宝贝的颜色和尺寸，详细填写收货人、收货地址、联系方式等资料哦。”这是（　　）的话术。

A. 售前客服　　B. 售中客服

C. 售后客服　　D. 网店美工

10. 客服提问的（　　）问题，客户只能回答“是”或“不是”。

A. 针对性　　B. 选择性

C. 了解性　　D. 澄清性

三、判断题

1. 不论是介绍商品还是提供售后服务，客服都要说实话，不要误导，不要过度承诺，这样才能和客户建立起信任关系。（　　）

2. 客户沟通的首要目的是与客户建立关系。（　　）

3. 在与客户沟通时不要随意承诺，承诺了客户的事情就要去做好。（　　）

4. 千牛卖家工作台不可以按照联系时间对客户进行排序。（　　）

5. 客服要鼓励客户详细表达自己的需求。（　　）

6. 客服倾听仅要了解顾客言语所表达的意思，千万不要琢磨顾客的言外之意。（　　）

7. 客服与客户的沟通中可使用方言，比如“一塌糊涂”“老好的啦”等有地方语言特色的表达，拉近客服与客户的距离。（　　）

8. 客服与客户的沟通中，应常用“你”，可使客户感到亲切。（　　）

9. 客服与客户的沟通中，可以一次发一大段话，将问题说明清楚。（　　）

10. 客户付款后，客服应该在客户下线前把订单中的客户信息发给客户确认，避免出错。（　　）

四、简答题

1. 简述客户沟通的原则。

2. 简述客服提问的原则。

3. 简述客服在促成交易的时候需要注意的问题。

4. 简述客服接待客户的步骤。

模块三 客户服务实务

一、填空题

1. 商品推荐的本质是在交易双方＿＿＿＿＿＿的基础上，商家将店铺中与客户所购买商品具有关联性的商品销售给客户，以实现销量和客单价的提升。

2. 售前客服负责客户下单付款前的咨询服务，主要的工作内容是解答客户关于商品、＿＿＿＿＿＿、服务等方面的问题。

3. 客户对店铺的评价，会对店铺的形象、信誉，商品的曝光量和＿＿＿＿＿＿产生影响。

4. 关联销售的意义有提高客单价、提高流量的利用率、提升店铺的转化率、提高商品的＿＿＿＿＿＿。

5. 催付包括日常催付、活动催付、＿＿＿＿＿＿。

6. 退换货的原因有＿＿＿＿＿＿、商品与描述不符、商品质量问题、物流问题。

7. 客服在商品推荐时，需要具备＿＿＿＿＿＿、学会询问、学会礼貌推荐、懂得换位思考等条件。

8. 催发货类型包括延迟发货、＿＿＿＿＿＿、虚假发货。

9. 商品质量问题一般包括商品有瑕疵、过保质期、____________。

10. 物流异常情况包括揽收超时包裹、中转超时包裹、派签超时包裹、虚假签收包裹、__________包裹。

二、单项选择题

1. 客户反映商品价格太高的时候，客服可以将商品价格平均到每月、每周、每天，以说明价格并不高。这属于（　　）。

A. 平均法　　B. 诚实法

C. 代入法　　D. 对比法

2.（　　）的作用就是用他方的劣势反衬己方的优势，客服可应用这种方法表达商品价格的合理性，使目标客户不至于因为价格因素而放弃购买。

A. 平均法　　B. 诚实法

C. 代入法　　D. 对比法

3.（　　）指的是主推商品和关联商品可以完全替代，是同类商品的关联。

A. 替代式关联　　B. 延展式关联

C. 互补式关联　　D. 热销式关联

4. 以下不是客户未付款主观原因的是（　　）。

A. 支付操作不熟　　B. 发现价格不合适或是有更便宜的

C. 发现支付宝或网银没钱　　D. 忘记支付密码

5. 对于一般的订单催付，如果是上午的订单，（　　）前催付比较合适。

A. 当日 12 点　　B. 当日 13 点

C. 当日 14 点　　D. 当日 15 点

6. 以下不属于物流问题的是（　　）。

A. 商品外包装在运输途中破损　　B. 商品有瑕疵

C. 没有在规定的时间内送达　　D. 商品丢失

7. 店铺评分是动态指标，每项店铺评分取连续（　　）个月所有客户评分的算术平均值。

A. 4　　B. 5

C. 6　　D. 7

8. 以下不属于恶意评价的是（　　）。

A. 利用中差评谋取额外钱款或不当利益

B. 同行竞争者交易后给负面评价

C. 未收到货但给出对商品的评价

D. 因为商品质量问题给出的差评

9. 若客户与商家协商一致后换货，（　　）天内客户未主动确认完成售后，该售后申请会自动撤销。

A. 7　　B. 15

C. 30　　D. 60

10. 在电商平台中，因为价格因素导致的客户流失不在少数，客服遇到议价问题，可以采用的方法不包括（　　）。

A. 突出法　　B. 对比法

C. 诚实法　　D. 平均法

三、判断题

1. 售前客服负责客户下单付款前的咨询服务，主要的工作内容有产品、物流、服务等咨询解答。（　　）

2. 关联销售是一种建立在双方互惠互利基础上的营销，在交叉营销的基础上，寻找所要营销商品的关联性，来实现深层次的多面引导。（　　）

3. 延展式关联是指把商品及其衍生品放在一起，通过一系列商品的展示，吸引客户的注意。（　　）

4. 客服遇到议价问题，应尽量不正面与客户进行价格讨论。（　　）

5. 售前服务虽然重要，但是售后服务才应该被重视。（　　）

6. 热销式关联是将销量较高的商品进行关联，从热卖程度入手，不拘泥于商品本身的关联度。（　　）

7. 评价由信用评价和店铺评分组成。（　　）

8. 订单按发货标准显示“已揽收 / 揽件”等信息后，24 小时内无任何物流更新记录的为拒绝发货。（　　）

9. 客户购买多个商品，商家发了部分或者错发，属于少发、错发货。（　　）

10. 在申请换货时，客户可以修改商品的类型、数量，但不可以修改收货地址。（　　）

四、简答题

1. 当客户进行商品咨询时，客服在解答该商品的同时，可以顺势推荐其他商品，客服在商品推荐时，需要具备哪些条件?

2. 当客户给商家好评的时候，商家应如何回复来提高店铺形象和客户的复购率?

3. 写出中差评的处理流程。

模块四 客户关系维护

一、填空题

1. 从外部获取潜在客户数据一般通过购买、__________或是合作的方式。

2. 从外部获取潜在客户数据的途径有数据公司、目录营销与直复营销组织、____________、信用调查公司、专业调查公司、消费者研究公司、相关服务行业企业、媒体、政府机构和研究机构。

3. 通过与相关服务行业中有大量客户数据的公司进行____________，也能获取客户数据，这类行业包括通信、航空、金融、旅行等公司。

4. 政府的行政机关和研究机构往往也有大量的客户数据，包括____________、纳税信息、社会保险信息等。

5. 客户信息主要分为描述类信息、______________和关联类信息三种类型。

6. 有效衡量客户服务质量的 RATER 指数可以作为客户满意度分析的一个参考，RATER 指数是 5 个英文单词的缩写，即信赖度、专业度、____________、同理度、反应度。

7. 衡量客户忠诚度的指数主要有客户的情感忠诚、行为忠诚和__________三项。

8. 客户的满意或不满意的感觉及其程度受到产品和服务让渡价值的高低、

___________、对服务成功或失败的归因、对平等或公正的感知因素影响。

9. 流失客户原因中属于自然消亡类的有__________、迁徙。

10. 挽回流失客户通常有了解流失原因、____________、提供有吸引力的产品、加强后续服务等方法。

二、单项选择题

1.（　　）可能掌握丰富的客户会员数据。

A. 大型的零售商　　B. 政府机构

C. 研究机构　　D. 信用调查公司

2. 能通过构建并分析复杂的客户消费行为特征获取客户数据并销售这些数据的公司属于（　　）。

A. 信用卡公司　　B. 信用调查公司

C. 专业调查公司　　D. 消费者研究公司

3. 以营利为目标，通过个性化的沟通媒介向目标市场成员发布发盘信息，以寻求对方直接回应的管理过程称为（　　）。

A. 目录营销　　B. 直复营销

C. 服务营销　　D. 知识营销

4. 店铺收藏数的多少是（　　）的衡量标准，在同类店铺中，收藏数多的店铺往往曝光率和排名要比其他店铺高得多。

A. 店铺信誉　　B. 店铺好评度

C. 店铺热度　　D. 店铺资质

5. 二维码的社群推广可以实现（　　）的推广，将店铺二维码发布至店铺会员群、红包群、新品推广群、折扣群等，可以搭建商家与消费者的互动桥梁。

A. 新客户　　B. 老客户

C. 新老客户　　D. 静默客户

6. 客户通过对一种产品可感知的效果与其期望值相比较后得出的指数被称为（　　）指数。

A. 客户满意 B. 服务质量

C. 客户忠诚 D. 有效沟通

7. 衡量顾客忠诚度，除了整体顾客满意度、重复购买率以外，另一个衡量指标是（ ）。

A. 购买频率 B. 购买均价

C. 推荐给他人的可能性 D. 活动参与度

8. 做好客户服务、提高客户忠诚度的途径，不包括（ ）。

A. 提高产品质量，合理定价 B. 了解企业的客户

C. 提高客户满意度 D. 提高客户期待

9. 因为受企业竞争对手的营销活动吸引，客户终止与企业的客户关系，而转变为企业竞争对手的客户属于（ ）。

A. 自然消亡类客户 B. 需求变化类客户

C. 趋利流失类客户 D. 失望流失类客户

10. 下列描述中，不属于客户因失望而流失的原因的是（ ）。

A. 产品或服务价格偏高 B. 产品主要性能不足或服务不到位

C. 未能处理好投诉 D. 其他企业产品活动吸引力更大

三、判断题

1. 客户信息收集是指采集、整理和加工客户数据。（ ）

2. 客户信息收集是企业营销活动的一项基础性工作，面临着如何高效获取并不断更新客户信息的问题。（ ）

3. 客户信息的来源途径和获取渠道大同小异。（ ）

4. 官方人口普查数据，结合政府资助的调查和消费者研究信息都有助于丰富客户数据列表。（ ）

5. 政府部门往往拥有最完整而有效的大量数据，这些数据可用于商业用途。（ ）

6. 借助移动互联网的优势，社群成为连接企业与用户的最短路径和最经济的

手段。（ ）

7. 企业不必过分利用各种机会来获得客户信息，避免客户厌烦。（ ）

8. 客服在工作中可以将客户提出的所有期望都记录下来，定期汇总并提交相关部门。（ ）

9. 在现实经济生活中，因为竞争对手的原因造成的客户流失量是很少的，而由于企业自身的原因或多种综合因素叠加造成的客户流失占绝大部分。（ ）

10. 客户流失会给企业带来经济损失，所以我们必须要挽回所有的流失客户。

（ ）

四、简答题

1. 简述企业收集客户信息的渠道。

2. 客户管理的差异化体现在哪些方面？

3. 列举提高顾客忠诚度的途径。

模块五　客户服务管理

一、填空题

1. 客户服务质量是指客户对所接受服务的___________与对服务的期望相比较后得到的感受。

2. 5S 现场管理法是现代企业管理模式，也被称为“五常法则”，主要包括__________、整理、整顿、清洁、清扫。

3. 客服经理的岗位职责有制定积极有效的绩效考核制度、___________。

4. 客服的岗位职责需要做到服从管理，按照部门___________严格开展各项工作。

5. 客户服务体系是以_________为核心，围绕着客户服务所建立起的一整套服务的应对系统。

6. 网店客服培训主要包括___________、网店知识和技能培训、商品知识培训、企业核心价值观培训等内容。

7. 管理人员管理客服的情绪可采用经常组织___________活动的方法。

8. ___________是整个人力资源管理的关键，其实施的效果将直接影响到企业人力资源管理其他工作的开展。

9. 客服售后指标包括响应时间、____________、答问比、售后满意度、评价维护率、纠纷率、退款时长、品质退款率。

10. 绩效管理的实施要坚持__________和全员参与的原则。

二、单项选择题

1. 下列选项中，不属于客户服务质量评价指标的是（　　）。

A. 安全性　　B. 可靠性

C. 无形性　　D. 响应性

2.（　　）是服务质量的基本要求之一，要求服务提供者在任何时候、任何地点都保持同样的优良服务水平。

A. 统一性　　B. 连贯性

C. 可靠性　　D. 移情性

3. 在安排班次时，需要遵循工时原则，一周工时不能超出国家法定工时标准，即（　　）小时。

A. 24　　B. 36

C. 48　　D. 40

4. 下列选项中，对客户服务体系描述错误的是（　　）。

A. 建立完善的客户投诉处理流程和监督机制

B. 将客户投诉处理直接和绩效、奖金挂钩

C. 客户服务体系的宗旨是“客户永远是第一位”

D. 对于一个企业来说资源是有限的，应尽量减少或者避免客户投诉

5. 客户投诉的受理与记录属于（　　）服务的主要内容。

A. 售前　　B. 售中

C. 售后　　D. 销售

6.（　　）不属于客服自我情绪管理的主要内容。

A. 情绪的发泄

B. 洞察负面情绪的产生

C. 分析产生负面情绪的原因

D. 自我情绪的处理与缓解

7. 下列选项中，不属于售前客服绩效考核指标的是（　　）。

A. 客单价　　B. 响应时间

C. 纠纷率　　D. 询单转化率

8. 客服在处理和缓解自我情绪时，以下方法不恰当的是（　　）。

A. 学会换位思考，跟客户沟通时语调尽量平稳舒缓、语气委婉

B. 把情绪发泄到亲人身上

C. 保持愉悦的心情，使用精神转移法转移情绪

D. 做到“不以物喜，不以己悲”

9. 下列选项中，不属于客户服务体系内容的是（　　）。

A. 服务文化　　B. 服务制度

C. 客户咨询　　D. 客户管理

10. 设定绩效目标的原则不包括（　　）。

A. 清晰明确　　B. 可衡量

C. 能实现　　D. 不拘泥限时

三、判断题

1. 客户服务质量的管理要以企业的策略为基础，以客户的需求为条件，以客户的感受为结果。（　　）

2. 可靠性是最重要的客户服务质量评价指标，它与核心服务密切相关。（　　）

3. 服务传递的效率是企业服务质量的一个重要反映，客户往往非常在意等候服务时间的长短，并将其作为衡量服务质量好坏的重要标准。（　　）

4. 服务质量越依赖于员工的行为，保持服务水平一致性就越难。（　　）

5. 移情性是指企业和客服能设身处地为客户着想，努力满足客户的需求。（　　）

6. 绩效管理只需要注重结果，不需要注重过程。（　　）

7. 在对网店客服进行技能培训时，只需要做商品知识方面的培训。 （ ）

8. 抽调是指团队或组织因工作需要，临时抽调员工协助完成非本岗位的工作。 （ ）

9. 对于一个企业来说，资源是有限的，企业应根据所在行业的特点有侧重地建立客户服务体系。 （ ）

10. 安排客服班次时，只需要考虑工时问题，不需要考虑高峰时段或者低峰时段的问题。 （ ）

四、简答题

1. 为了使客户体验无处不在的满意和可信赖，在“客户永远是第一位”的宗旨下，可以从哪些方面处理客户投诉?

2. 客户服务质量主要体现在哪些方面?

3. 简述客户服务质量的测定方法。

4. 简述提高服务质量的方法。

5. 简述客户服务体系的建设思路。

6. 简述客服绩效管理过程中需要遵循的主要原则。

模块六 客户开发

一、填空题

1. 大众化定位的主要表现形式有____________、聚集在红海领域、店铺商品种类杂、热衷于爆款。

2. 产品品质是指产品的质量，包括产品的__________、用户体验、可靠性、性能及感观等方面。

3. 网店产品类别可以从产品品质、__________、产品品牌、产品特点角度分析。

4. 市场定位以细分和突出____________为核心。

5. 可以将网店内的产品划分为引流款、利润款、活动款和____________。

6. 对于同质化产品，可以通过打造不同的__________、文化，造就差异化定位。

7. 客户类型包括友善型客户、独断型客户、分析型客户、______________。

8. 人群画像包括人群性别、人群年龄、____________、消费层级。

9. 推销导向的客户开发方式主要有__________、钻石展位、平台活动、短信推送。

10. 参加平台活动能够让产品曝光，让店铺获得流量，提高产品____________，是提高产品销量的重要方法之一。

二、单项选择题

1. 下列选项中，不属于价格战带来负面影响的是（　　）。

A. 压缩了店铺的利润空间

B. 店铺可以获得更多的流量

C. 对行业来说，会构成潜在的恶性竞争

D. 降低产品在市场上的价值定位

2. 下列选项中，不属于寻找产品定价区间方法的是（　　）。

A. 根据产品成本，确定产品的定价区间

B. 根据产品的出厂价，制定产品的定价区间

C. 根据同类产品比价，找到产品的定价区间

D. 在电商平台搜索产品的关键词，找到占比较大的价格区间

3.（　　）是网店的生命线。

A. 点击量　　B. 产品

C. 品牌　　D. 销量

4.（　　）是指在生产产品全程中产生的整体费用。

A. 人工成本　　B. 快递成本

C. 产品成本　　D. 仓储成本

5.（　　）不属于大众化定位的表现形式。

A. 人卖亦卖　　B. 蓝海聚集

C. 商品种类杂　　D. 追踪爆款

6.（　　）性格比较随和，宽容、真诚、有同理心，通常是企业的忠诚客户。

A. 友善型客户　　B. 独断型客户

C. 分析型客户　　D. 自我型客户

7.（　　）是客户开发策略的最高境界。

A. 推销导向　　B. 分销导向

C. 营销导向　　D. 促销导向

8. 从风格定位入手的产品以（　　）类目居多。

A. 家电　　B. 图书

C. 食品　　D. 服装

9.（　　）是淘宝图片类广告位竞价投放平台。

A. 短信推送　　B. 平台活动

C. 直通车　　D. 钻石展位

10. 直通车是按（　　）的效果营销工具。

A. 销售付费　　B. 展示付费

C. 点击付费　　D. 拉新付费

三、判断题

1. 市场定位是指为使产品在目标客户心目中相对于竞争产品能占据更加清晰、特别和理想的位置而进行的安排。（　　）

2. 店铺商品种类杂的一个原因是顾客需求不断增加，店铺对业绩不断追求。（　　）

3. 产品是网店的生命线，展现、引流、下单等都是在产品的基础之上进行的。（　　）

4. 形象款产品旨在提升网店的品牌形象，可以选择高品质、高客单价的极小众产品作为形象款。（　　）

5. 网店在选择引流款产品时，要做好数据测试，选择转化率高、地域限制较多的产品。（　　）

6. 产品成本是指在储存、管理、保养、维护产品的相关物流活动中产生的各种费用。（　　）

7. 了解客户的特点对于提高网店客服的服务质量和服务效率非常重要。（　　）

8. 推销导向的客户开发策略是指企业通过适当的产品、适当的价格、适当的分销渠道和适当的促销手段，吸引目标客户和潜在客户产生购买欲望并付诸行动的过程。（　　）

9. 人群画像是指为目标人群绘制图像。 (　　)

10. 短信推送是指通过向客户推送最新的促销信息，吸引有需求的客户，提高店铺的销量。 (　　)

四、简答题

1. 简述客户开发前的准备工作。

2. 简述网店常见的市场定位方式。

3. 简述营销导向的客户开发与推销导向的客户开发的区别。